Ko Ngā Mea o Roto (contents)

1 Ngā Tākaro

Whakatauanga Mahi 1	3
Whakatauanga Mahi 2	6
Whakatauanga Mahi 3	8
Whakatauanga Mahi 4	13
Whakatauanga Mahi 5	18
Whakatauanga Mahi 6	21

2 Ngā Kai

Whakatauanga Mahi 7	24
Whakatauanga Mahi 8	26
Whakatauanga Mahi 9	30
Whakatauanga Mahi 10	34
Whakatauanga Mahi 11	38
Whakatauanga Mahi 12	40

3 Ngā Mahi i te Kāinga

Whakatauanga Mahi 13	43
Whakatauanga Mahi 14	45
Whakatauanga Mahi 15	48
Whakatauanga Mahi 16	51
Whakatauanga Mahi 17	53
Whakatauanga Mahi 18	57

4 Te Tūtaki Tangata

Whakatauanga Mahi 19	60
Whakatauanga Mahi 20	62
Whakatauanga Mahi 21	65
Whakatauanga Mahi 22	68
Whakatauanga Mahi 23	70
Whakatauanga Mahi 24	73

5 Ngā Haere Whakangahau

Whakatauanga Mahi 25	76
Whakatauanga Mahi 26	78
Whakatauanga Mahi 27	81
Whakatauanga Mahi 28	83
Whakatauanga Mahi 29	86
Whakatauanga Mahi 30	89

Ko te Whakatuwheratanga *(introduction)*

Welcome to this **Pukapuka Mahi** (workbook) for *Te Pūkaki*, the second level of *Te Ia Reo*. The book is made up of thirty assignments — six for each of the first five chapters of the **Rauemi Ākonga** (textbook).

The assignments reinforce vocabulary and structures you have encountered in the textbook. The first of each cluster of six is mainly concerned with vocabulary. The sixth of each cluster consists of several word puzzles. In between there is a variety of exercises such as:

- matching questions and answers
- finding the right word or phrase from a list to match pictures
- creating conversations from a list of sentences
- making up answers to questions either from information in pictures or from the questions themselves.

If you have worked through the chapter concerned, you should be able to do these assignments and achieve between 80-100% success. Use the textbook to check back on things you are not sure of. In places we give you references to particular "Whakamārama" (explanations) that may help you.

The assignments have been designed so you can work through them on your own, but they can of course be used for work in pairs or in a group.

We hope you will find this book an enjoyable way to reinforce your learning of Māori.

Ian & Shirley Cormack

Whakatauanga Mahi (assignment) 1

Ngā kupu (vocabulary)

1.1 He mahi whakamāori (translation into Māori). The English words listed below are translations of Māori words used in Te Wāhanga Tuatahi (Chapter One) "Ngā Tākaro". Write the Māori words for them in the spaces beside.

Kupu hākinakina (words about sport)

softball ....

crash helmet ....

hundred metres ....

gymnastics ....

football, rugby ....

touch football ....

teacher, instructor ....

netball ....

running *(sport)* ....

game, sport ....

tights, leotard ....

sideline ....

ball ....

player, competitor ....

hooker *(rugby)* ....

team ....

position ....

forward *(position in team)* ....

goal keep *(netball)* ....

goal shoot *(netball)* ....

cricket ....

hat ....

(rugby) league ....

Kupu āhua (adjectives)

keen, eager ....

all, every ....

white, clean ....

cold ....

patient ....

hard, firm ....

frightened, afraid ....

sick, dead ....

first, main ....

soft ....

very, favourite ....

cheeky ....

Kupumahi (verbs)

be interested in ....

die ....

turn ....

be finished ....

want, wish ....

compete ....

marry ....

think ....

clap ....

start, begin ....

touch ....

encourage ....

be lost, missing ....

support ....

train ....

instruct, advise ....

kick ....

watch ....

shout ....

Kupu ingoa (nouns)

appearance, looks ....

television set ....

person ....

people, persons ....

thing ....

step-father ....

trouble, concern ....

cancer ....

sweetheart ....

college ....

Ētahi atu kupu *(other words)*

learn it! ....

some ....

but, on the contrary ....

too, also, as well ....

hurry! quickly! ....

and the others ....

for, about ....

really excellent! choice! ....

how slow you are! ....

kick it! ....

a, an, one ....

Kupu wā *(time words)*

afternoon ....

evening ....

time, occasion, season ....

year ....

1.2 **He tā whakaahua** *(drawing exercise). Draw a picture to show you understand the meaning of each of these "kupu wā".*

koanga

ngahuru

raumati

takurua

1.3 *He whakauru kupu ki roto i te rārangi tika* (putting words in the right column). *Decide whether each word in the rārangi kupu (list of words) at the bottom is an **a** or an **o** category word, then write it in the appropriate column in the space provided.*

A	O
....	....
....	....
....	....
....	....
....	....
....	....
....	....
....	....
....	....
....	....
....	....
....	....
....	....
....	....

Rārangi kupu

pōtae; hoa; moni; pereti; pahi; parakuihi; rorohiko; pōro; tāne; matihao; hū; kauwae; mātua; kai; waewae; tamariki; mōkai; tamāhine; maunga; huarahi; wahine; kahupiri; kāpata; kaiwhakaako; paetaha; pōtiki; iwi; pene; kurī; ipu

Whakatauanga Mahi 2

2.1 **He matapaki** (conversation). *Study the rārangi kōrero (list of sentences) below. Make sure you fully understand each kōrero. Then write a conversation in Māori along the lines suggested by the English situation. Choose suitable sentences from the rārangi kōrero.*

Rārangi kōrero	**Situation:** *Kei te kōrero a Mereana ki a Barbro rāua ko Charmaine mō ā rāua hākinakina.*
He aha ō kōrua tūnga tākaro?	
Kei te tākaro rīki tana teina.	1 Mereana asks Barbro and Charmaine what their favourite sports are.
He netipōro tā māua tino tākaro.	
He aha tō tākaro?	2 Barbro replies that their favourite game is netball.
He aha ā kōrua tino tākaro?	
He kaitākaro māua ko Charmaine.	3 She adds that they are both players.
He kuru ūhanga te tūnga o Barbro.	4 Mereana asks what position they play.
He whutupōro te hākinakina a Arnold.	5 Charmaine says that she plays goal keep.
He whutupōro whakapā taku tino tākaro.	
He kati ūhanga taku tūnga tākaro.	6 She adds that her sister plays goal shoot.
He aha ngā hākinakina a ō kōrua tūngane?	7 Barbro asks what sport Mereana plays.
Kei te tākaro whutupōro whakapā māua ko taku hoa.	8 Mereana says it is touch rugby.
	9 She also says that both she and her friend play touch rugby.
	10 She then asks Barbro and Charmaine what sport their brothers play.
	11 Charmaine replies that Arnold plays rugby.
	12 She adds that his younger brother plays league.

1   Ko Mereana: ....

2   Ko Barbro: ....

3   ....

4   Ko Mereana: ....

5   Ko Charmaine: ....

6   ....

7   Ko Barbro: ....

8   Ko Mereana: ....

9   ....

10   ....

11 Ko Charmaine: ....

12   ....

2.2 **He kimi kupu tika** (find the right words). *Fill in the gaps in each sentence by choosing the correct "pūriro takirua"(dual possessive) from the rārangi kōrero underneath the exercise to match the English in brackets. Choose either the **a** or **o** form depending on the Māori word after the space. Use the example to help you.*

Tauira
He tino pai __tō tāua__ hoa. *(our: yours and mine - singular)*

1 He tino matekai ____ _____ mōkai. *(their: two persons - plural)*

2 Kei te tiki ia i ____ _____ koti. *(our: yours and mine - plural)*

3 Kua horoi rāua i ____ _____ kurī. *(your: two persons - singular)*

4 He iti ____ _____ kiore. *(our: his and mine - singular)*

5 E kōrero ana a Kere ki ____ _____ tuākana. *(your: two persons - plural)*

6 He mā ____ _____ kākahu. *(our: hers and mine - plural)*

7 Kua tae mai ____ _____ motokā. *(their: two persons - singular)*

8 Kei te kawe rāua i ____ _____ tēpu nui. *(their: two persons - singular)*

9 Kei hea ____ _____ pene? *(our: yours and mine - plural)*

10 Kei te hoki a Kris rāua ko tana teina ki ____ _____ kāinga. *(their: two persons - singular)*

Rārangi kōrero

singular	*plural*
tā tāua/tō tāua	ā tāua/ō tāua
tā māua/tō māua	ā māua/ō māua
tā kōrua/tō kōrua	ā kōrua/ō kōrua
tā rāua/tō rāua	ā rāua/ō rāua

2.3 **He kimi kōrero tika** *(find the right sentence). Only one of the two sentences beside each question is a good answer to the question asked. Choose the one you think is the better answer, draw a line through the other, and write the sentence you have chosen in the space provided.*

Tauira
Kua mutu ā kōrua mahi?   ~~Kua mutu ā kōrua mahi.~~
                          Kua mutu ā māua mahi.
Kua mutu ā māua mahi.

1 Kei te haere mai ō tāua hoa?   Kei te haere mai ō tāua hoa.
                                   Kei te haere mai ō kōrua hoa.

....

2 Ko wai ō rāua ingoa?   Ko Pita rāua ko Tamehana ō rāua ingoa.
                          Ko Pita rāua ko Tamehana ō tāua ingoa.

....

3 Kei hea tā kōrua kurī?   Kei te kāinga tā māua kurī.
                            Kei te kāinga tā tāua kurī.

....

4 Kua kite koe i tō māua tungāne?   Kua kite au i tō māua tungāne.
                                      Kua kite au i tō kōrua tungāne.

....

5 He teitei tā rāua tama?   Āe, he teitei tā rāua tama.
                             Āe, he teitei tā kōrua tama.

....

Whakatauanga Mahi 3

*3.1 **He whakautu pātai** (answering questions). Give two answers for each of the following questions and write them in the spaces provided. One answer should use the pronoun form ("rāua" or "ia"), the other should use the names of people in full. Study the model first. You may need to look again at **Te Whakamārama 1.7** (page 22 in your textbook **Te Pūkaki**) before you start this assignment.*

Tauira
Ko wai kei te mātakitaki i te whutupōro?

Ko rāua kei te mātakitaki i te whutupōro.
Ko Piki rāua ko Puroto kei te mātakitaki i te whutupōro.

1   Ko wai kei te pīrangi ki te kuhu ki roto?

....
....
....
....

2   Ko wai kei te pakipaki i ngā kaitākaro?

....
....
....
....

3   Ko wai e tatari ana ki te pahi?

....
....
....
....

4   Ko wai e mahi ana i te taka porepore?

....
....
....
....

5   Ko wai kei te tohutohu i ngā kaitākaro whutupōro?

....

....

3.2 He whakautu pātai. *Give two answers for each of the following questions and write them in the spaces provided. One answer should use the pronoun form (either "rāua" or "ia"), the other should use the names of people in full. Study the model first. You may need to look again at* **Te Whakamārama 1.8** *(page 23 in your textbook* **Te Pūkaki***) before you start this assignment. Don't forget to use* **a** *before a person's name, if there is no* **ko** *there already.*

Tauira
Kei te mātakitaki a wai i te whutupōro?
Kei te mātakitaki rāua i te whutupōro.
Kei te mātakitaki a Piki rāua ko Puroto i te whutupōro.

1   Kei te pīrangi a wai ki te kuhu ki roto?

....

....

....

....

2   Kei te pakipaki a wai i ngā kaitākaro?

....

....

....

....

3 E tatari ana a wai ki te pahi?

....

....

4   E mahi ana a wai i te taka porepore?

....

....

5   Kei te tohutohu a wai i ngā kaitākaro whutupōro?

....

....

3.3 *He kimi kōrero whakaūpoko* (finding suitable captions). *Match each picture with a caption from column 1 and one from column 2 of the rārangi kōrero. Write both sentences in the spaces provided.*

Rārangi kōrero 1	2
E horoi ana a Jadine rāua ko tana hoa tāne i ngā kākahu.	Ko ngā tamariki kei te puta mai i te whare tākaro ataata.
E hoko ana a Pare i ngā hua.	Ko Toi e titiro ana ki te pikitia.
Kei te hari a Te Kaha i te taonga whakaata.	Ko Jadine rāua ko tana hoa tāne e horoi ana i ngā kākahu.
E utu ana a Moana i te kākahu hou.	Ko Patrick kei te whana i te pōro.
Kei te puta mai ngā tamariki i te whare tākaro ataata.	Ko Te Kaha kei te hari i te taonga whakaata.
Kei te whana a Patrick i te pōro.	Ko Moana e utu ana i te kākahu hou.
E titiro ana a Toi ki te pikitia.	Ko ngā mātua kei te ūmere.
Kei te ūmere ngā mātua.	Ko Pare e hoko ana i ngā hua.

1   ....

....

....

....

2 ....
....
....
....

3 ....
....
....
....

4 ....
....
....
....

5 ....
....
....
....

6 ....
....
....
....

7 ....
....
....
....

8 ....

....

....

....

3.4 *He whakapoto kōrero* (shortening sentences). Shorten the following sentences. Write the shortened version in the space provided. You may need to look at **Te Whakamārama 1.10** (page 25 in your textbook **Te Pūkaki**) before you do this exercise.

Tauira

E tākaro ana rātou i te netipōro.

E tākaro netipōro ana rātou. ....

Kei te tohutohu ia i ngā kaitākaro.

Kei te tohutohu kaitākaro ia. ....

---

1 Kei te mātakitaki rātou i te taka porepore.

....

2 Kei te whana a Rewi i te pōro.

....

3 Kei te hoko ngā kōtiro i ngā hū.

....

4 E horoi ana a Arnold rāua ko Charmaine i ngā pereti.

....

5 E mahi ana te rōpū i ngā kai.

....

6 E tango ana te kaiwhakaako i ngā pukapuka.

....

7 Kua whakahoki tana hoa i ngā tūru.

....

8 Kua mātakitaki rātou i te taonga whakaata.

....

Whakatauanga Mahi 4

4.1 *He kimi kōrero whakaūpoko.* Select an appropriate caption for each of the pictures from the rārangi kōrero below. Write the caption in the space provided below each picture.

Rārangi kōrero

Kua mahana ia i nāianei.

Kua mutu te tākaro.

Kua tino mā ia.

Kua makariri rāua.

Kua tino mātao ngā kai.

Kua paru ia.

Kua tino wera a Angela rāua ko Bronwyn.

Kua ngaro tana heru.

Kua makariri ā rāua mōkai.

Kua matekai rāua.

Kua pau katoa ngā kai.

Kua tūreiti ia.

1 ....
....

2 ....
....

3 ....
....

4 ....
....

5 ....

6 ....

7 ....

....

....

8 ....

9 ....

....

....

10 ....

4.2 He tuhituhi anō (rewriting). Study the two examples, then rewrite the following **kua** sentences in the negative form. You may need to look again at **Te Whakamārama 1.12**, the second Hei Mahi, (pages 28 and 30 in your textbook **Te Pūkaki**) if you need help.

Tauira

Kua whakahoki ia i aku pukapuka Māori.

Kāore anō ia kia whakahoki i aku pukapuka Māori.

Kua kōrero au ki a ia.

Kāore anō au kia kōrero ki a ia.

14

1   Kua tatari ngā kōtiro ki ō rāua hoa.

....

2   Kua noho ngā mātua ki te kāinga.

....

3   Kua aro atu ia ki ngā mahi a tana hoa.

....

4   Kua huri ia ki a au.

....

5   Kua mātakitaki te whānau i te tākaro whutupōro.

....

6   Kua noho te tangata i te paetaha.

....

7   Kua whakahau ia i tana tamāhine.

....

8   Kua whana te kaikape i te pōro.

....

4.3   He whakautu pātai. *Study the model, then answer the questions underneath each picture in the spaces provided. There will be two answers for each question. Choose your first answer from column 1 of the rārangi kōrero, and your second from column 2. You may need to look again at* **Te Whakamārama 1.13** *(page 30 in your textbook* **Te Pūkaki***) before you do this exercise.*

Tauira
Kei te mātakitaki a Paki i te taonga whakaata?

....

Kāore ia i te mātakitaki i te taonga whakaata. Kei te mahi kē ia.

Rārangi kōrero 1	2
Kāore ia e kawe ana i ngā kai.	Kei te moe kē ia.
Kāore rāua e piki ana i te puke.	Kei te whakahoki kē ia i te pene.
Kāore rāua e tākaro netipōro ana.	Kua oho kē ia.
Kāore anō rāua kia noho.	E heke kē ana rāua i te puke.
Kāore ia i te whakahoki i te ipu.	E kawe kē ana ia i tētahi tūru.
Kāore ia i te puta mai i te whare.	Kei te kuhu kē ia ki roto i te whare.
Kāore ia i te tango i te pene.	Kua tae kē atu rāua ki te kura.
Kāore anō rāua kia tākaro rīki.	Kei te tū kē ia i te paetaha.
Kāore anō rāua kia hoki ki te kāinga.	E tākaro whutupōro kē ana rāua.
Kāore ia i te kai.	Kua waiata kē rāua i tētahi waiata.

1   E tākaro netipōro ana ngā kōtiro?

    ....

    ....

    ....

    ....

2   Kei te kai te tama?

    ....

    ....

    ....

    ....

3   Kua noho rāua?

    ....

    ....

    ....

    ....

4   Kei te tango ia i te pene?

    ....

    ....

    ....

    ....

5   E piki ana rāua i te puke?

    ....

    ....

    ....

    ....

6   Kua hoki mai rāua ki te kāinga?

....

....

....

....

7   E kawe ana ia i ngā kai?

....

....

....

....

8   Kei te puta mai ia i te whare?

....

....

....

....

Whakatauanga Mahi 5

5.1 *He matapaki.* Study the rārangi kōrero below. Make sure you fully understand each kōrero. Then write two conversations below suggested by the two English situations. Choose suitable sentences from the rārangi kōrero.

> **Rārangi kōrero**
>
> Kua noho ia ki runga i tētahi tūru.
> Kei te haere mai tētahi o ana hoa i nāianei.
> Āe, engari kāore anō au kia kite i ētahi pene.
> Kāore anō au kia kite i ō pene.
> Kua haere ia ki te kōrero ki tētahi hoa.
> Kei te aha a Hēmi?
>
> E moe kē ana tētahi o ngā tāne.
> Kua ngaro aku pene.
> Ko wai ētahi o ngā hoa o Hēmi?
> Kua kite koe i ētahi o aku pene?
> Ko Paki tētahi, ko Patrick tētahi.
> Kua kimi koe i roto i tēnā pēke?

Situation A: *Kua ngaro ngā pene a Charmaine.*
1   Charmaine tells Barbro that she has lost her pens.
2   She asks if Barbro has seen any of them.
3   Barbro replies that she hasn't seen any.
4   She then asks Charmaine if she has looked in the bag beside her.
5   Charmaine replies that she has but didn't find any pens.

1   Ko Charmaine: ....

2   ....

3   Ko Barbro: ....

4   ....

5   Ko Charmaine: ....

Situation B: *Ngā hoa o Hēmi.*
1   Arnold asks Taki what Hēmi is doing.
2   Taki says that he has gone to talk to a friend.
3   Arnold asks Taki who are some of Hēmi's friends.
4   Taki replies that one is Paki and another is Patrick.
5   He adds that one of Hēmi's friends is approaching now.

1   Ko Arnold: ....

2   Ko Taki: ....

3   Ko Arnold: ....

4   Ko Taki: ....

5   ....

5.2 *He kimi kōrero whakaūpoko*. Match each picture with an appropriate caption from the *rārangi kōrero*. *Write the sentence in the space povided.*

Rārangi kōrero

Kei te kōrero ia ki ētahi o ngā kōtiro.

He tūai ētahi o ngā tāngata.

Kei te kōrero ia ki tētahi kōtiro.

Kua piki rāua i ētahi rākau.

He mōmona tētahi tāne.

He tūai tētahi tangata.

E hari ana te tama i tētahi tūru.

Kua piki ia i tētahi rākau.

He mōmona ētahi tāngata.

E hari ana te tama i ētahi tūru.

1 ....

....

2 ....

....

3 ....

....

4 ....

....

5 ....

....

6 ....

....

19

7 ....
....

8 ....
....

5.3 *He whakahono kōrero* (joining sentences). *Study the examples then combine the two sentences into one using* **hoki**. *You may wish to look again at* **Te Whakamārama 1.14** (*page 32 in your textbook* **Te Pūkaki**). *Write your combined sentences in the spaces provided.*

Tauira

He tama teitei. He tama tūai.

He tama teitei, he tūai hoki .

Kei te kōrero ia. Kei te kata ia.

Kei te kōrero ia, kei te kata hoki.

---

1 He nui tērā whare. He hou tērā whare.

....

2 He tere tō rāua motokā. He mā tō rāua motokā.

....

3 He whare nui tana whare. He whare hou tana whare.

....

4 Kei te mau tarau poto ia. Kei te mau hāte mā ia.

....

5 Kua tatari ia ki tana tuakana. Kua tatari ia ki tana hoa.

....

Whakatauanga Mahi 6

He panga kupu

6.1 He kupu whakawhitiwhiti (*crossword*). *Complete the crossword by providing the Māori words for the English clues. The words are all drawn from Chapter One. Different dialect forms for some Māori words are also included.*

Kia mōhio ai koe: *Whakapae* — clues across; *Whakararo* — clues down.

Whakapae

1	to play
5	cold
6	thing
8	afraid, scared
9	eager, keen
11	league
12	hat
14	player
17	marry
18	afternoon
19	be interested in
21	sport, game
25	summer
29	forward (*position*)
31	ball
33	soft
34	position

Whakararo

1	very, favourite
2	instructor, coach
3	running
4	sick, dead
5	to watch
6	be finished
7	first, main
8	firm, hard
10	all, every
12	sideline
13	spring
15	year
16	winter
20	football, rugby
22	tights, leotard
23	netball
24	hooker (*rugby*)
26	patient
27	to support
28	to turn
30	college
32	team

6.2 He kimi kupu (word find). *Find the Māori equivalent for each of the English words listed below the puzzle. All the Māori words have been used in Chapter One. Circle each word as you find it. They go in any direction, even backwards.*

Kia mōhio ai koe: *The Māori words do not have macrons in the puzzle.*

```
A N I K A N I K A H I R I R A K A M M K A H W A A I
O R A R U R A R U K T J I U N A W A N A M W U G B B
E R C R R Z U G L A E T A M B D H B O I T H N W I P
R I A U U T O N N H U A I K O H U P K W A U B U O G
E X H K K Z R U T U M G K A U A R O O H T A A I T R
M T M A A U O X Q P H N R O P U I B T A O T T U A A
U T A I T T P A T I M U A R D Y C Z U K B A O X K U
U O T T W E I T D R J H U N G A R O A A R M R U A M
I H A I H A T A F I O U V R H P R K T A I I A C P A
W U K K A A E M K G N I X U U O C W W K K T A L O T
H T I I N H N P P P I T M R P K H H L O A K K L R I
A O T R A P A I A A T A Z U Z A I E P T P T A U E K
K H A I L O R T G K T K T H K T F P M R I R H M P F
A U K K T A Q N E A I U B A I A H V A O K N W L O U
T P I A N E A G K A H A P G P O T A E M A R O E R E
O J K G G O I U C W P A K N D B P J Z W P L A N E V
I Z I X K F L A M O A M O P O I N G O H E N G O H E
```

a, an, one	hundred metres	to shout
afternoon	instructor, coach	to support
all, every	league	to think
appearance, looks	netball (2)	to touch
autumn	patient	to turn
ball	player	to wish, want
be finished	position	to watch
be missing, be lost	running	too, also, as well
but, on the other hand	sideline	trouble, concern
cheeky	soft	very, favourite
cold	softball	winter
crash helmet	sport, game	year
cricket	spring	
dead, sick	summer	
eager, keen	team	
firm, hard	tights, leotard	
first, main	time, occasion, season	
football (*rugby*)	to be interested in	
forward (*position*)	to begin	
frightened, afraid	to clap, applaud	
goal keep	to die	
goal shoot	to instruct, advise	
gymnastics	to kick	
hat	to marry	
hooker (*rugby*)	to play	

6.3 *He panga kupu* (*word puzzle*). *Solve the following acrostic puzzles. They use Māori words taken from Chapter One. Firstly, in the spaces provided, write down the Māori words for the English clues. When you have finished that, look at the first letter of each of the Māori words. Reading down, another Māori word should be formed. Write that word beside "Kupu Māori". Beside "Tikanga", write its English equivalent.*

1 food ....

2 morning...

3 container ....

4 older brother or sister ....

5 appearance..

6 eager, keen ....

7 be interested in......................................

8 team, group ....

9 running...

Kupu Māori...

Tikanga ....

1 to kick ....

2 to turn ....

3 afternoon..

4 college..

5 to learn ....

6 year ....

7 six ....

8 name ....

Kupu Māori...

Tikanga ....

Whakatauanga Mahi 7

Ngā kupu

*7.1 **He mahi whakamāori.** The English words listed below are translations of Māori words used in Te Wāhanga Tuarua (Chapter Two) "Ngā Kai". Write the Māori words for them in the spaces beside.*

Kupu kai

vegetable ....

fish ....

tea, dinner ....

cooked ....

relish ....

salt ....

full (*of food*) ....

meat ....

bread ....

pepper ....

pudding ....

potato ....

chocolate ....

tomato ....

sausage ....

fruit ....

Kupumahi

look for, search (*with eyes*) ....

scold ....

give (me) ....

boil ....

slap ....

ask ....

smoke (*cigarette*) ....

forget ....

leave, depart ....

complete, finish ....

put into (*an enclosed space*) ....

look for, search (*actively*) ....

steal ....

grill, fry ....

cook (*in oven*), roast ....

cut, chop ....

peel, scrape ....

have work, have a job ....

bless (*the food*) ....

add, put in ....

spread (out) ....

fly, rush ....

feed ....

Kupu ingoa

soldier ....

accounts clerk ....

twin ....

knife ....

fork ....

spoon ....

floor ....

saucepan ....

frying pan ....

baby ....

supermarket ....

tablecloth ....

Kupu wā

soon, presently ....

tomorrow ....

Easter ....

month ....

calendar ....

weekend ....

Kīhau (*exclamations*)

exclamation of surprise ....

mum! ....

dad! ....

I'm sorry! ....

I don't know! ....

Ētahi atu kupu

instead of, on the other hand ....

but, but at the same time ....

perhaps ....

Kupu āhua

hungry ....

warm ....

tired ....

sweet, delicious ....

careful, cautious ....

real, genuine ....

7.2 **He kimi kupu tika.** *Fill in the gaps in the table of months in Māori. Use the names of months transliterated from English in column 1. Use traditional Māori names for the months in column 2. Some of the months have already been written in. (If you have names of the months particular to your area, that differ from those in the textbook, you could add a third column.)*

1	2
Pepuere	
Mei	
	Pipiri
	Hakihea

7.3 **He tā whakaahua.** *Draw a picture in the box beside each of these words to show you understand its meaning.*

taka

hinga

umu	wera

Whakatauanga Mahi 8

8.1 *He whakautu pātai.* Use the dates provided to answer the questions. Use the model as a guide. You may use either the traditional or the transliterated form of the month in your answer.

FRIDAY
11
MAY

Tauira
Ko te aha tēnei rā?
Ko te Paraire, te tekau mā tahi o Haratua (Mei).

SATURDAY
22
JUNE

MONDAY
17
NOVEMBER

1   Ko te aha tēnei rā?

....

....

2   Ko te aha tēnei rā?

....

....

THURSDAY
8
MARCH

SUNDAY
28
JULY

3   Ko te aha tēnei rā?

....

....

4   Ko te aha tēnei rā?

....

....

TUESDAY
31
DECEMBER

5   Ko te aha tēnei rā?

....

8.2 *He kimi kōrero whakaūpoko. Select two appropriate captions, one from column 1 and one from column 2, from the rārangi kōrero for each of the pictures below. Write both captions in the spaces underneath each picture.*

Rārangi kōrero

1	2
Tēnei kura.	Te pukapuka rā.
Ēnā kōtiro.	Te tēpu nā.
Ēnei kōtiro.	Te kūaha nei.
Tērā pukapuka.	Ngā kōtiro nei.
Tērā kura.	Ngā kōtiro nā.
Tēnā tēpu.	Ngā ākonga nei.
Tēnei hoa.	Te kura nei.
Ērā tamariki.	Te hoa nei.
Ēnei ākonga.	Te tēpu rā.
Tēnei kūaha.	Ngā ipu rā.
Ēnā kaiwhakaako.	Te kura rā.
Tērā tēpu.	Ngā kaiwhakaako nā.
Ērā ipu.	Ngā tamariki nei.
Ēnei tamariki.	Ngā tamariki rā.

1 ....

....

2 ....

....

3 ....

....

4 ....

....

5 ....
....

6 ....
....

7 ....
....

8 ....
....

9 ....
....

10 ....
....

8.3 *He tuhituhi anō.* Look carefully at the model and rewrite the following sentences using the split forms of *tēnei, ēnei, tēnā, ēnā, tērā, ērā.* Look again at **Te Whakamārama 2.4** (page 45 of your textbook **Te Pūkaki**) if you need help.

Tauira

Kei roto tō pouaka i tērā kāpata nui.

Kei roto tō pouaka i te kāpata nui rā. ....

---

1   Hōmai ki a māua ēnā tōtiti wera.

   ....

2   Ko Ngātokorua tērā kōtiro ātaahua.

   ....

3   Titiro ki ēnei pereti mā.

   ....

4   He tino pai tēnei rā paki.

   ....

5   Kāore anō ērā kaitākaro rīki kia tīmata ki te tākaro.

   ....

8.4 **He tuhituhi anō.** *Look carefully at the model and rewrite the following sentences using the unsplit forms of* tēnei, ēnei, tēnā, ēnā, tērā, ērā. *Look again at* **Te Whakamārama 2.4** *(page 45 of your textbook* **Te Pūkaki**) *if you need help.*

Tauira

Kua tākaro ngā rōpū netipōro rā.

Kua tākaro ērā rōpū netipōro...

---

1   He aha te utu mō ngā rīwai hou nā?

   ....

2   Kua mahana ngā rūma ako nei i nāianei.

   ....

3   Ko wai te ingoa o te hoa tāne nā?

   ....

4   Kāore anō ngā rōpū whutupōro rā kia wehe.

   ....

5   E horoi ana rāua i ngā pereti paru rā.

   ....

Whakatauanga Mahi 9

*9.1 **He matapaki**. Study the rārangi kōrero below. Make sure you fully understand each kōrero. Then write a conversation in Māori along the lines suggested by the English situation. Choose suitable sentences from the rārangi kōrero.*

Rārangi kōrero

Kua pau katoa?

Kei te kai tonu rāua.

Kua wareware kē au.

Kāti te kōrero!

Kaua e kohete mai, e whae!

Kāti te kai i te pūrini tiakarete!

Kia tere te kai, kei mātao!

Kei te hiakai tonu au.

Taihoa e kainga!

E kōrero ana māua mō ā māua mahi kura.

Kāore anō kia pau.

He tino pai ēnei tōtiti.

E toru kei roto i te parai.

Kaua e wareware ki tō tino kai, te pūrini tiakarete.

Situation: *Kei te kai a Mākere rātou ko ana tamāhine tokorua, a Āriana me Piki.*

1 Mākere tells her daughters to stop talking.
2 She asks then to hurry up and eat or their food will get cold.
3 Āriana asks her mum not to scold them.
4 She adds that she and her sister were discussing their homework.
5 Piki says that the sausages are very nice.
6 She asks if they have all gone.
7 Makere replies saying that they have not all gone.
8 She adds that there are three more in the frypan.
9 Āriana asks Piki not to eat them yet.
10 She says that she is still hungry.
11 Piki tells Āriana not to forget her favourite food, chocolate pudding.
12 Āriana says that she had forgotten.

1 Ko Mākere: ....

2 ....

3 Ko Āriana: ....

4 ....

5 Ko Piki: ....

6 ....

7 Ko Mākere: ....

8 ....

9 Ko Āriana: ....

10 ....

11 Ko Piki: ....

12 Ko Āriana: ....

9.2 *He kimi kōrero whakaūpoko. Study the example, then answer the question under each picture with an appropriate* **kāore** *sentence from column 1 of the rārangi kōrero and an appropriate* **kē** *or* **tonu** *sentence from column 2 . Write the two sentences in the space provided. Refer to* **Te Whakamārama 2.9** *and* **2.10** *(pages 54-57 of your textbook* **Te Pūkaki***) if you need help.*

Tauira
Kei te tū a Matewai?
Kāore ia i te tū.
Kei te noho kē ia.

Rārangi kōrero 1	2
Kāore anō ia kia aho.	Kua noho kē ia ki te kāinga.
Kāore anō te tākaro kia mutu.	Kei te tākaro ataata tonu rāua.
Kāore rāua i te mahi.	E tākaro tonu ana ngā tamariki.
Kāore anō ā rāua moni kia pau.	Kua haere kē ia ki te tāone.
Kāore anō ia kia tae ki te kāinga.	Kei te haere kē ia mā runga waka rererangi.
Kāore ia i te haere mā runga motokā.	Kei te mātakitaki kē rāua i te pouaka whakaata.
Kāore rāua e waru rīwai ana.	Kei te moe tonu ia.
Kāore ia i te kāinga.	Kei te hīkoi tonu ia.
Kāore anō ia kia tīmata.	E horoi kē ana rāua i ngā pereti.

1   Kua mutu te tākaro?

....
....
....
....

2   Kei tana kāinga tō tāua hoa?

....
....
....
....

3 Kua oho a Paki?

....

....

....

....

4 Kei te mahi rāua i ā rāua mahi kura?

....

....

....

....

5 E waru rīwai ana rāua?

....

....

....

....

6 Kua tae atu te tangata ki tana kāinga?

....

....

....

....

7 Kua pau ā rāua moni?

....

....

....

....

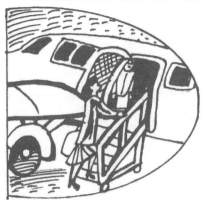

8 Kei te haere ia mā runga motokā?

....

....

....

....

9.3 ***He tuhitihu anō.*** *Look carefully at the model and rewrite the following sentences twice, the first time inserting the kupu tūkē (adverb)* ***kē*** *after the kupumahi, the second time inserting the kupu tūkē* ***tonu*** *after the kupumahi.*

Tauira

Kei te tahu te tamaiti i ngā tōtiti.

Kei te tahu kē te tamaiti i ngā tōtiti.

Kei te tahu tonu te tamaiti i ngā tōtiti.

---

1   Kei te tapatapahi rāua i ngā hua whenua.

....

....

2   E kōrero ana ia ki tana hoa.

....

....

3   Kei te hora a Mere i te whāriki tēpu.

....

....

4   E rapu ana a Hōne i tana hāte mā.

....

....

5   Kei te whāngai rāua i ā rāua mōkai.

....

....

Whakatauanga Mahi 10

10.1 *He whakautu pātai. Study the models, then answer the questions below each date in the space provided. Don't forget that **āpōpō** ("tomorrow") can come first or last in both the question and the answer. Look at **Te Whakamārama 2.11** (page 59 in your textbook **Te Pūkaki**) if you need to refresh your memory before you do this exercise.*

Tauira

PARAIRE
16
HUI-TANGURU

Ko te aha āpōpō?

Ko te Hātarei, te 17 o
Hui-tanguru āpōpō

HĀTAREI
2
WHIRINGA-Ā-RANGI

Āpōpō ko te aha?

Āpōpō ko te 3 o
Whiringa-ā-rangi

MANE
10
HAKIHEA

1   Ko te aha āpōpō?

   ....

   ....

TĀITE
21
HARATUA

2   Āpōpō ko te aha?

   ....

   ....

TŪREI
8
PAENGA-WHĀWHĀ

3   Ko te aha āpōpō?

   ....

   ....

RĀTAPU
4
PIPIRI

4   Āpōpō ko te aha?

   ....

   ....

WENEREI
26
WHIRINGA-Ā-NUKU

5   Āpōpō ko te aha?

   ....

   ....

PARAIRE
1
HERE-TURI-KŌKĀ

6   Ko te aha āpōpō?

   ....

   ....

10.2 He kimi kōrero whakaūpoko. *Study the models first, then find a suitable caption for each of the pictures from the rārangi kōrero and write it in the space provided.*

Tauira

Ka piki ia i te puke.

Kei te piki ia i te puke.

Kua piki ia i te puke.

Rārangi kōrero

Ka kai ngā tamariki i ngā kai.
Kei te kai ngā tamariki i ngā kai.
Kua kai ngā tamariki i ngā kai.
Ka heke te kōtiro i te puke.

E heke ana te kōtiro i te puke.
Kua heke te kōtiro i te puke.
Ka tango a Rewi i te pene.
Kua whakahoki a Rewi i te pene.

1 ....

....

2 ....

....

3 ....
....

4 ....
....

5 ....
....

6 ....
....

7 ....
....

8 ....
....

10.3 *Whakawhānuitia ēnei kōrero anga (expanding skeleton sentences). Expand the following skeleton sentences so they make sense and are grammatically correct. Study the models first. All sentences refer to things happening in the future, so they will have* **ka** *before the kupumahi. You may wish to look again at* **Te Whakamārama 2.12** *and* **2.14** *(pages 60-64 of your textbook* **Te Pūkaki***) before you do this exercise.*

> *Tauira*
> tae atu/rāua/Tauranga-moana/ākuanei
> *Ka tae atu rāua ki Tauranga-moana ākuanei.*
>
> āpōpō/hari/ia/pouaka whakaata/kāinga/tana hoa
> *Āpōpō ka hari ia i te pouaka whakaata ki te kāinga o tana hoa.*

1 āpōpō/rere/waka rererangi/Whakatāne

....

....

2 kōrero/ia/tana hoa/āianei

....

....

3 tae mai/ō rāua hoa/kura/ākuanei

....

....

4 noho/au/kāinga/āpōpō

....

....

5 kai/tātou/āianei/ngā kai nā

....

....

6 tū/ia/ākuanei/kōrero/manuhiri

....

....

7 waiata/rāua/tō rāua/waiata/āianei

....

....

8 āpōpō/hoki atu/tamariki/kura

....

....

Whakatauanga Mahi 11

11.1 *He tuhituhi anō. Study the two examples, then rewrite the following **ka** sentences in the negative form. You may need to look again at **Te Whakamārama 2.15** (page 66 of your textbook **Te Pūkaki**) before you do this exercise.*

> *Tauira*
> Ka kōrero te tāne ki a rāua.
> *Kāore te tāne e kōrero ki a rāua.*
> Ka tākaro ngā tamariki i waho i te whare.
> *Kāore ngā tamariki e tākaro i waho i te whare.*

1 Ka waru taku hoa i ngā rīwai.

    ....

2 Ka horoi ngā tama i ngā pereti paru.

    ....

3 Ka tahu a Kim i ā kōrua tōtiti.

    ....

4 Ka aroha ia ki a au.

    ....

5 Ka hiahia mātou ki te haere.

    ....

6 Ka haere rāua ki te tāone mā raro.

    ....

11.2 *He tuhituhi anō. Study the two examples, then rewrite the following negative **ka** sentences in the positive form. You may need to look again at **Te Whakamārama 2.15** (page 66 of your textbook **Te Pūkaki**) before you do this exercise.*

> *Tauira*
> Kāore te whānau o Mere e tatari ki a au.
> *Ka tatari te whānau o Mere ki a au.*
> Kāore ia e haere ki te hoko kai.
> *Ka haere ia ki te hoko kai.*

1 Kāore tērā tamaiti e whakahoki i taku rūri.

    ....

2 Kāore ēnei tāngata e noho ki te kāinga.

    ....

3 Kāore tō hoa e whakahoki i taku pukapuka.

    ....

4 Kāore rāua e pīrangi ki te mahi.

    ....

5   Kāore te whānau e mātakitaki i te rīpene ataata.

....

6   Kāore ia e haere ki te kura āianei.

....

11.3 *He hanga rerenga kōrero (making up sentences). Make 10 different sentences from the table by combining a phrase from column 1, a phrase from column 2, kei from column 3, and a phrase from column 4. Make sure your sentence makes sense. The numbers in brackets indicate how many times each phrase or word should be used. One has already been done for you.*

1	2	3	4
(3) Kāti te	(1) kōrero,	(10) kei	(2) hinga!
(2) Kaua e	(1) oma,		(1) mākū koutou!
(2) Taihoa e	(1) mahi i nāianei,		(1) kohete te kaiwhakaako!
(2) Kia tere te	(3) haere,		(1) kei mātao!
(1) Kia tūpato te	(1) tūreiti,		(1) oho te pēpi!
	(1) kai paipa,		(1) tino ngenge koutou!
	(1) hoki atu,		(1) makariri koe!
			(1) tūreiti!
			(1) mate tō tinana!

Tauira

Kāti te kōrero, kei oho te pēpi! ....

1   ....

2   ....

3   ....

4   ....

5   ....

6   ....

7   ....

8   ....

9   ....

10   ....

Whakatauanga Mahi 12

He panga kupu

12.1 He kupu whakawhitiwhiti. *Complete the crossword by providing the Māori words for the English clues. The words are all drawn from Chapter Two. Different dialect forms for some Māori words are also included.*

Kia mōhio ai koe: *"Whakapae" — clues across; "Whakaaro"— clues down.*

Whakapae

1	to cut, chop
5	soon, presently
8	to look for, search
10	saucepan
12	pepper
13	to spread out
14	twin
16	hungry
17	fork
19	spoon
20	to ask *(a question)*
22	month, moon
24	relish
27	sweet
29	real
3o	but
31	to cook *(on top of stove)*
32	salt
33	to slap, clap

Whakararo

2	to put into
3	perhaps
4	fish
5	tomorrow
6	Easter
7	soldier
9	warm
11	cooked
12	baby
13	to add, give
14	full, satisfied *(of food)*
15	potato
16	to fall over
17	floor
18	to fly, rush
20	bread, flour
21	to fall, drop
22	meat
23	to look for, search
24	to scold
25	knife
26	to boil
28	pudding
31	to roast

12.2 He kimi kupu. *Find the Māori equivalent for each of the English words listed below the puzzle. All the Māori words have been used in Chapter Two. Circle each word as you find it. They go in any direction, even backwards.*

Kia mōhio ai koe: *the Māori words do not have macrons in the puzzle.*

```
H I P Y A R A N G A T T P E B T L V K A M C I Z Z M
M O H J G M Q N U Q O S U N W Q X G U U U R E R E S
M A P I W S A M Z T M T R U N T K H P E P J N W E H
L S R A A S U R I J A G I P Y U O U I R H I A K A I
X D B A N N A T A H T A N V R K P W H A K V U B X Y
E R U G M E I J P M O N I A D O H H A W I Q K V R X
P X E A O A R A P I A O W U R U I A P E M W A I C H
P Z T G H A T Z P K T K H O P R A N A R I H W J O E
Y E G Y N O O A K A U A K T F Z T A T A H A G R X E
T V P A O E A E K P P M R M A O A K G W I N A E A I
T K H I R I G T M A A P O F X U P O U D N G E T O T
F A E Z O A B N U P T E P V T A E W A P G A H E U I
M W D Q H I R A F U O P O A G N A H A M A I E H P E
U H A T I O A E P D X A P E A B X D V I P A W O U R
A T F T A H A E K K I N A K I L H O E W T U E K T U
N W H A K A O T I A C I K A W H A K A P A I R P G T
A R I T O E M I H R A P U T I A K A R E T E M U V N
```

soon, presently
tomorrow
Easter
hungry
to fall over
to add, give
to spread out
soldier
saucepan
fish
fast eater
to look for, search (2)
relish
to scold
to boil
warm
twin
full, satisfied
cooked
moon, month
calendar
meat
knife
tired
but

to slap, clap
bread, flour
to question
perhaps
pepper
baby
spoon
pudding
to put into
sweet
to fly, rush
potato (2)
thief, to steal (2)
to cook, fry
to roast, bake
to chop, cut up
chocolate
tomato
salt
careful
real
late
oven
to forget
to peel, scrape

to separate, go away
hot
to finish, complete
to set (table)
to feed

12.3 *He panga kupu. Solve the following acrostic puzzles. They use Māori words taken from Chapter Two. Firstly, in the spaces provided, write down the Māori words for the English clues. When you have finished that, look at the first letter of each of the Māori words. Reading down, another Māori word should be formed. Write that word beside "Kupu Māori". Beside "Tikanga", write the English equivalent.*

1 calendar ....   **Kupu Māori** ....

2 soon ....   **Tikanga** ....

3 relish ....

4 but ....

5 tired ....

6 morning ....

1 to roast ....   **Kupu Māori** ....

2 Easter ....   **Tikanga** ....

3 spoon ....

4 afternoon ....

5 to fall over ....

6 name ....

Whakatauanga Mahi 13

Ngā kupu

*13.1 **He mahi whakamāori.** The English words listed below are translation of Māori words used in Te Wāhanga Tuatoru (Chapter Three) "Ngā Mahi i te Kāinga". Write the Māori words for them in the spaces beside.*

Kupumahi

grumble, complain...

sound, roar ....

give, add ....

vacuum ....

drink ....

gather, collect ....

say ....

weed ....

rest ....

stack ....

put into *(an enclosed space)* ....

sweep ....

turn to, to begin...

cut ....

change *(clothes)* ....

be left over, remain..

drive *(a vehicle)* ....

dry *(with a towel)* ....

finish, complete ....

clean up ....

straighten up, tidy ....

hang out, hang up...

fold *(clothes)* ....

Kupu ingoa *(mō te whare)*

concrete path ....

toilet pan ....

sheet ....

wardrobe ....

bath(tub)..

tap ....

garden..

bed ....

mower ....

hose ....

wash basin ....

weeds ....

wall ....

floor ....

blanket ....

grass ....

toilet paper ....

aerial ....

sink ....

washing machine ....

clothes dryer ....

clothes basket ....

washing powder ....

guttering...

dish rack ....

video tape...

laundry ....

bedroom ....

dishes, utensils ....

towel ....

stove ....

roof ....

chimney ....

bench ....

bedspread, duvet ....

pillow ....

downpipe ....

chest of drawers ....

carpet ....

Ētahi atu kupu ingoa

tail ....

partner *(of opposite sex)* ....

tourist ....

cup of tea ....

thing ....

day, weather ....

form *(in secondary school)* ....

tourism ....

video store...

square ....

proverb ....

Kupu kai

vegetable ....

butter ....

pumpkin ....

unleavened (bachelor) bread ....

jam ....

Kupu āhua

bright, shiny, polished ....

pleased, happy ....

clean ....

favoured, favourite ....

dry ....

neat, tidy ....

dirty ....

Kōrero taukī *(idioms)*

it looks like..

thanks very much ....

13.2 He tā whakaahua. *Draw a picture in the box beside each of these words to show you understand its meaning.*

puruma

horopuehu

puoto

tārawa

Whakatauanga Mahi 14

14.1 *He kimi kōrero whakaūpoko.* Match each picture with a caption from the rārangi kōrero. Write the sentence in the space provided.

Rārangi kōrero

Inumia te miraka nā!
Warua ngā rīwai!
Hokona he hua rākau!
Horoia ngā pereti paru!
Whakamaua ō kākahu!
Pūkeitia ngā pereti!

Tahia te kīhini!
Tahuna ngā tōtiti!
Whakamarokengia ngā pereti mā!
Horopuehutia te rūma moe!
Whāngaia ngā mōkai!
Whakapaingia te tēpu!

1 ....

....

2 ....

....

3 ....

....

4 ....

....

5 ....

6 ....

7 ....

....

8 ....

9 ....

....

10 ....

14.2 He kimi kupu tika. *Select an appropriate kupumahi from the rārangi kōrero and write it in the space provided before the appropriate passive ending below. You may need to look at the table in* **Te Whakamārama 3.6** *(page 83 of your textbook* **Te Pūkaki***) to do this exercise.*

Rārangi kōrero

inu; whana; puru; pūkei; hoko; kimi; tū; aroha; kai; whakamaroke

.... ina   .... mia   .... nga

.... ria   .... ia   .... na

.... ngia   .... hia

.... a   .... tia

14.3 *He whakakāhore kōrero (making statements negative). Study the example then write three negative forms using each of the following commands:* **kaua e ...,** *taihoa e ...,* **and kāti te ....**

Kia mōhio ai koe: *after* **kāti te ...** *there is no passive ending on the kupumahi, and you will need to insert the word* **i** *before the object of the action. With* **kaua e ...** *and* **taihoa e ...,** *alternative word orders are possible (eg,* **taihoa ngā pereti paru e pūkeitia**). *Use these if you are familiar with them.*

Tauira
Pūkeitia ngā pereti paru!
Kaua e pūkeitia ngā pereti paru!
Taihoa e pūkeitia ngā pereti paru!
Kāti te pūkei i ngā pereti paru!

---

1 Horoia te kaumanga!

....

....

....

2 Whakamarokengia ngā pereti mākū!

....

....

....

3 Tīnihia ō kōrua kākahu!

....

....

....

4 Purua atu te rerewai ki roto i te kāpata!

....

....

....

5 Taona te paukena!

....

....

....

6 Whakahaeretia te motokā!

....

....

....

Whakatauanga Mahi 15

15.1 He matapaki. *Study the rārangi kōrero below. Make sure you fully understand each kōrero. Then write a conversation in Māori along the lines suggested by the English situation. Choose suitable sentences from the rārangi kōrero.*

Rārangi kōrero

Kia tūpato, kei ngaro katoa ngā hua whenua!

Kua horoi au i te motokā.

Kaua e horoia te motokā!

Kāti te whakatoi, kei kohete a Pāpā!

Taihoa e tapahi, kei paru te motokā!

Tahitahia ngā ara raima kia mā!

Tapahia ngā pātītī āianei!

Kaua e whakatoi, kei hoki au ki roto!

Ka tapahi pātītī au, nē?

Kia tere, whakaotingia te mahi ngaki!

Kua maroke te motokā i nāianei.

Ka āwhina au i taku teina ki te ngaki i te māra.

Situation: *Kei te mahi a Mākere rātou ko Tārati ko Maaka ko Rāwiri i waho.*

1 Mākere suggests to Rāwiri that she will mow the lawn.

2 Rāwiri says not to mow it yet or the car will get dirty.

3 He adds that he has washed the car.

4 Mākere says she will help her younger sister to weed the garden.

5 Tārati tells Mākere to be careful or else all the vegetables will go missing.

6 Mākere tells Tārati not to be cheeky or she will go back inside.

7 Maata tells the two girls to stop being cheeky or their dad will tell them off.

8 Rāwiri tells them to hurry up and finish the weeding.

9 He says that the car is dry.

10 He asks Mākere to mow the lawn now.

---

1 Ko Mākere: ....

2 Ko Rāwiri: ....

3 ....

4 Ko Mākere: ....

5 Ko Tārati: ....

6 Ko Mākere: ....

7 Ko Maata: ....

8 Ko Rāwiri: ....

9 ....

10 ....

15.2 *He kimi kōrero whakaūpoko.* *Match each picture with a caption from the rārangi kōrero. Write the sentence in the space provided.*

Rārangi kōrero

Te mōmona hoki o te tamaiti!

Te tūai hoki o tēnei tamaiti!

Te nui hoki o te whare!

Te iti hoki o te whare!

Te teitei hoki o ēnei wāhine!

Te poto hoki o te kōtiro!

Te tere hoki o tēnei kararehe ki te oma!

Te pōturi hoki o ēnei kararehe ki te haere!

1 ....
....

2 ....
....

3 ....
....

4 ....
....

5 ....
....

6 ....
....

49

7 ....   8 ....

....

15.3 *He tuhituhi anō.* Look carefully at the models and rewrite the following sentences. You should look at **Te Whakamārama 3.10** *(page 90 of your textbook* **Te Pūkaki***) before you do this exercise.*

Tauira

Te kaha hoki o Eruera ki te ngaki māra!

Tana kaha hoki ki te ngaki māra!

Te kaha hoki o Mākere rāua ko Maaka ki te mahi!

Tō rāua kaha hoki ki te mahi!

---

1   Te tūreiti hoki o Tama ki te tae ki te kura!

....

2   Te pai hoki o Rāwiri ki te tahu tōtiti!

....

3   Te pōturi hoki o Tio ki te mahi i ana mahi!

....

4   Te pai hoki o Mākere rāua ko Eruera ki te whakatikatika moenga!

....

5   Te tere hoki o Maata rāua ko Tārati ki te oma!

....

Whakatauanga Mahi 16

16.1 He whakaoti kōrero (completing sentences). *Look at the picture and complete the sentences by filling in the names of the people doing the actions described. Write the correct person's name in the space provided.*

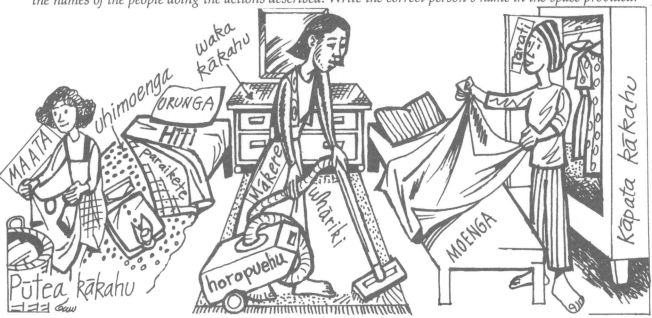

1   He whakatika moenga te mahi a ....

2   He whātui i ngā kākahu mā te mahi a ....

3   He tīni hīti te mahi a ....

4   He pūkei kākahu ki runga i te moenga te mahi a ....

5   He horopuehu whāriki te mahi a ....

16.2 He tuhituhi anō. *Study the model and then rewrite each of the five sentences you wrote for exercise 16.1 using the "Ko......" form. You may need to look again at* **Te Whakamārama 3.11** *(page 93 of your textbook* **Te Pūkaki**) *before you start this exercise.*

> *Tauira*
>
> He whakamaroke pereti te mahi a Pita.
>
> *Ko te mahi a Pita he whakamaroke pereti.*

1   ....

2   ....

3   ....

4   ....

5   ....

16.3 *He kimi kupu tika.* *Fill in the gaps in each sentence by choosing the correct "tūingoa takitini" (plural pronoun) from the list to match the English in brackets.*

tātou	mātou	koutou	rātou

Tauira
Kei te horoi pereti ......*rātou*............... . *(they — more than two)*

---

1   E haere ana .... ākuanei. *(you — more than two)*

2   Ka hoki mai .... āpōpō. *(we — you three and I)*

3   Kua noho....................................... ki te kāinga ki te mahi. *(they — more than two)*

4   Kāore anō .... kia kite i a ia. *(we — they and I)*

5   Nō Ruatāhuna ....katoa. *(we — you two and I)*

6   Hōmai ēnā hua rākau ki a .... *(us — me and them)*

Whakatauanga Mahi 17

17.1 He kimi whakautu tika (finding the right answer). Use the "rārangi kōrero" to write an appropriate answer for each of the questions. You may need to look at Te Whakamārama 3.14 (page 100 of your textbook Te Pūkaki) before you do this exercise.

Rārangi kōrero

Nō Ōtepoti rātou.	Kei te whakapai whare mātou.
Kei te ngaki māra koutou.	Ka kai tātou i ērā kai, kei mātao.
Kua tīmata, engari kāore anō kia mutu.	E āwhina ana koutou i a au, tamariki mā!
Āe, ka kōrero ia ki a koutou.	Kāore anō ia kia kite i a mātou.
E haere ana rātou ki te tāone.	Ko rātou kei te noho ki te kāinga.
Ka whakaoti tātou i ngā mahi.	Kei waenganui tātou i te awa me te puke.

---

1   Kei te aha koutou ko Paki ko Susan?

     ....

2   E aha ana rātou i nāianei?

     ....

3   Ko wai kei te noho ki te kāinga?

     ....

4   Ka kōrero ia ki a mātou?

     ....

5   Kei whea tātou i nāianei?

     ....

6   Kua kite ia i a koutou ko ō hoa?

     ....

7   Ka aha tātou āpōpō?

     ....

8   Nō hea rātou?

     ....

9   E aha ana mātou āpōpō, e whae?

     ....

10   Kua horoi koutou i ngā kākahu?

     ....

17.2 He kimi kōrero tika. *The teenagers on the left are all issuing invitations to their friends on the right. The picture in the middle indicates the topic of discussion. Select and write an appropriate comment for each from the rārangi kōrero. The invitation will come from column 1, the response from column 2.*

Rārangi kōrero 1	2
Ka haere tāua ki te tākaro ataata?	Kāore, kaua tāua e noho ki te kāinga.
Tāua ka hoko i tētahi tākaro rorohiko, nē rā?	Kāore au e pīrangi ki te haere.
Ka mātakitaki tātou i te whutupōro?	Āe, engari he nui te utu mō te tākaro hou.
Tāua ka noho ki te kāinga?	Kāo, ka haere tātou mā runga pahi.
Tātou ka haere ki te tāone mā raro?	Āe, ka haere tātou ki te mātakitaki.

1 ....

....

1 ....

....

2 ....

....

2 ....

....

3 ....

....

3 ....

....

4 ....

....

4 ....

....

17.3 *He kimi i ngā kupu ngaro* (finding the missing words). *Look carefully at the picture and complete the passage below. Choose the appropriate word from the "rārangi kupu" below the passage and write it in the gap in the passage. Use the picture to help you work out which is the correct word. The first one has been done for you.*

Kei te horoi a _Matiu_ i ngā _____ paru. Kei te _____ a

Tārati i _____ pereti paru. Kei te whakamaroke a _____ i ngā

_____. Kei _____ puru a Mākere i ngā pereti _____ ki

_____ i te kāpata. Kei te _____ a Hohepa i te _____.

Rārangi kupu

mā; tēpu; pūkei; pereti; Matiu; horoi; te; roto; Maata; taputapu; ngā

Whakatauanga Mahi 18

He panga kupu

18.1 He kupu whakawhitiwhiti. *Complete the crossword by providing the Māori words for the English clues. The words are all drawn from Chapter Three. Different dialect forms for some Māori words are also included.*
Kia mōhio ai koe: "Whakapae" — clues across; "Whakaaro"— clues down.

Whakapae

1	to add, give
4	to say; thing
5	tail
7	tap
9	tourist
13	mower
14	to grumble, complain
15	bath (tub)
19	vacuum cleaner
21	to put into
22	bed
25	hose
27	to stack
28	bench
29	dirty
30	tourism
31	blanket
32	broom

Whakararo

1	sheet
2	to be left over, remain
3	pumpkin
4	garden
5	toilet pan
6	butter
8	happy, pleased
10	shiny, polished
11	to weed
12	to sound, roar
13	dry
16	favourite, favoured
17	to gather
18	mirror
20	wall
23	to rest
24	neat, tidy
26	weeds
27	sink

18.2 He kimi kupu. *Find the Māori equivalent for each of the English words listed below the puzzle. All the Māori words have been used in Chapter Three. Circle each word as you find it. They go in any direction, even backwards.*

Kia mōhio ai koe: *the Māori words do not have macrons in the puzzle.*

```
W H A K A A T A H U D U H I M O E N G A T S F G E F
N U R U P R N Y I G Q A R A T I K A P G O I A X R R
W A M U E H T U T E P A R U M I J M L Y T R N K E C
U T H A R A O M I J K U W E H P Z A B I H Y N I R H
W I N A K U B A H I D U A A U T M R T P U O T O O E
H G S A N I N A T R I K P R R U T A V N U O M W K K
A Q K K A R G A U A A U A A A P M T K R P A I W E
T A K O O U H N A H T M P M U I T I I I G J K A H T
U N I T R M P A W A A A U D H R G H A T A Y A W A U
I K A U B O A K M T R R N D E W W N O W U M U E R A
O H M C K U P S A A J O Y F U E H G A T O M U R I E
I T U J K A A Q I U A K K Z P T U A C R A G E E K Y
W H A K A T I K A G M E L Z O I L K K W Q O N R I A
C I T U R T E T O E J A W O R E S I K A S T T O E M
L H O V E T A S M F T O N C O W A I P U T A N A G B
N O G J E R X P T R A K T G H C R J G T U A N U I N
X K Q P W Z A T U P A P A N A K G D A A N E K U A P
```

to complain, grumble
to sound, roar
toilet pan
tail
sheet
to give, add
vacuum cleaner
shining, polished
bath (tub)
happy, pleased
to gather, collect (2)
tap
favourite, favoured
garden
dry
thing; to say
mirror
mower
neat, tidy
to weed
hose
to rest (2)
weeds
wall

floor
blanket
dirty
butter
grass
pumpkin
to stack
sink
to put onto
broom
day, weather
form
dishrack
to sweep
to turn to, begin
bachelor bread *(unleavened)*
to cut, chop
clothes line
towel
jam
to change *(clothes)*
to be left over, remain
roof
chimney

bench
bedspread
pillow
downpipe
to fix up, straighten
carpet
to fold *(clothes)*

58

18.3 **He panga kupu.** *Solve the following acrostic puzzles. They use Māori words taken from Chapter Three. Firstly, in the spaces provided, write down the Māori words for the English clues. When you have finished that, look at the first letter of each of the Māori words. Reading down, another Māori word should be formed. Write that word beside "Kupu Māori". Beside "Tikanga", write its English equivalent.*

1 to roar ....

2 concrete path ....

3 wardrobe ....

4 to drink ....

5 to spread out ....

6 but ....

7 Easter ....

Kupu Māori ....

Tikanga ....

1 pleased ....

2 Christchurch ....

3 form *(level)* ....

4 boy! ....

5 dish rack ....

6 but ....

Kupu Māori ....

Tikanga ....

Whakatauanga Mahi 19

Ngā kupu

19.1 *He mahi whakamāori.* The English words listed below are translations of Māori words used in Te Wāhanga Tuawhā (Chapter Four) "Te Tūtaki Tangata". Write the Māori words for them in the spaces beside.

Kupu wā

half past ....

quarter to ....

quarter past ....

time ....

season ....

hour ....

yesterday ....

Kupu pātai

how many? *(people)* ....

Kupu āhua

many, a lot ....

many *(people only)* ....

clever, knowledgeable ....

sufficient, enough ....

few ....

two *(people)* ....

three *(people)* ....

four *(people)* ....

five *(people)* ....

six *(people)* ....

seven *(people)* ....

eight *(people)* ....

nine *(people)* ....

Kupu ingoa

half ....

quarter ....

meeting ....

local people ....

social worker ....

type of marrow ....

prayer ....

elder ....

coffee ....

committee ....

tea bag ....

(learning) module ....

old lady...

polytechnic ....

visitor ....

member ....

grandchild ....

group *(of people)* ....

skill ....

taxi ....

Department of Social Welfare ....
....

total ....

position, job ....

soft drink, cordial..

Kupu tūkē

again ....

all, every ....

Kupumahi

embrace, hug ....

help, assist...

go up, get into (vehicle) ....

press noses ....

meet ....

say a prayer ....

care for, be hospitable to ....

die ....

die (a number of people on a number of occasions)

....

greet ....

know ....

ask (a number of questions) ....

look for work ....

give a formal speech ....

shine (of the sun) ....

Ētahi atu kupu

exclamation of surprise or dismay ....

exclamation of dismay, sadness ....

term of address to a kaumātua ....

term of address to a kuia ....

19.2 He tā whakaahua. *Draw a clock face in the box above each of these phrases to show you understand its meaning.*

Hauwhā mai i te whitu karaka.

Haurua mai i te whā karaka.

Hauwhā ki te tekau karaka.

Rua tekau meneti mai i te rua karaka te wā.

Whakatauanga Mahi 20

20.1 He kimi kōrero whakaūpoko. *Match each picture with a caption from the rārangi kōrero. Write the sentence in the space provided.*

Rārangi kōrero

Tokorua ngā kaiwhakaako kei roto tonu i te rūma.

Tokowhitu ngā tāngata e noho ana.

Tekau rātou e hīkoi ana.

Tokomaha ngā ākonga kei te kura tini.

Tokorima rātou e kōrerorero ana.

Tokowaru rātou e hīkoi ana.

Kotahi te kaiwhakaako kei roto i te rūma.

Tekau mā rua ngā ākonga e noho ana.

Tekau rātou e noho ana.

Tokotoru āna tamāhine.

1 ....
....

2 ....
....

3 ....
....

4 ....
....

62

5 ....

6 ....

....

7 ....

8 ....

....

20.2 He matapaki. *Study the rārangi kōrero below. Make sure you fully understand each kōrero. Then write a conversation in Māori along the lines suggested by the English situation. Choose suitable sentences from the rārangi kōrero.*

Rārangi kōrero	**Situation:** *Kei te kōrerorero a Jipsy rāua ko Jade mō tētahi pō whakangahau (party).*
Kāore au e pai ki a rāua.	1 Jade asks Jipsy how many of her friends will be coming.
Āe, kāore anō koe kia tūtaki i a rāua.	
Āe, tokorima rātou me tāua.	2 Jipsy replies that five of them will come.
Tokohia ōu hoa ka haere mai?	3 Jade asks how many of them are girls.
Tokotoru he kōtiro.	4 Jipsy says that three are girls.
Tokohia o rātou he kōtiro?	5 She adds that they are her favourite friends.
Engari, kāore au i te mōhio ki ngā tama tokorua.	6 She also says that Jade already knows them.
Āe, kei te mōhio ki a rātou.	7 Jade agrees that she knows them.
Āe, kua noho kē rātou ki te kāinga.	8 But she adds that she doesn't know the two boys.
Tokowhitu mātou katoa ā te pō nei, nē?	9 Jipsy confirms that Jade hasn't met them yet.
Tokorima rātou ka haere mai.	10 She adds that perhaps they'll like Jade.
Ko rātou ōku tino hoa.	11 Jade asks if there will be seven of them altogether that evening.
Kei te mōhio kē koe ki a rātou.	
Tēnā pea he pai koe ki a rāua.	12 Jipsy agrees and says that there will be five of the others and two of them.

1 Ko Jade: ....

2 Ko Jipsy: ....

3 Ko Jade: ....

4 Ko Jipsy: ....

5 ....

6 ....

7 Ko Jade: ....

8 ....

9 Ko Jipsy: ....

10 ....

11 Ko Jade: ....

12 Ko Jipsy: ....

20.3 *He whakautu pātai. Study the model first, then answer the questions below in the spaces provided. Use the numbers or words in the brackets at the end of the question in your answer. Write your answers in full. You should look again at* **Te Whakamārama 4.4** *and the Hei Mahi that follows it (page 117 of your textbook* **Te Pūkaki**). *Remember that the prefix* **toko-** *is only used before the numbers 2-9 and the word "maha".*

Tauira

Tokohia koutou e noho ana ki te kāinga? (6)

Tokoono mātou e noho ana ki te kāinga. ....

---

1 Tokohia mātou ka wehe atu ā te ahiahi nei? (4)

    ....

2 Tokohia rātou kāore anō kia haere? (1)

    ....

3 Tokohia koutou kāore anō kia kai? (7)

    ....

4 Tokohia rātou e rapu mahi tonu ana? (many)

    ....

5 Tokohia koutou kei te toe? (12)

    ....

Whakatauanga Mahi 21

21.1 He whakaoti kōrero. *Complete the ten sentences below by choosing five foods or sports you like and five you don't from the labelled pictures below. Write the sentence in full in the space provided.*

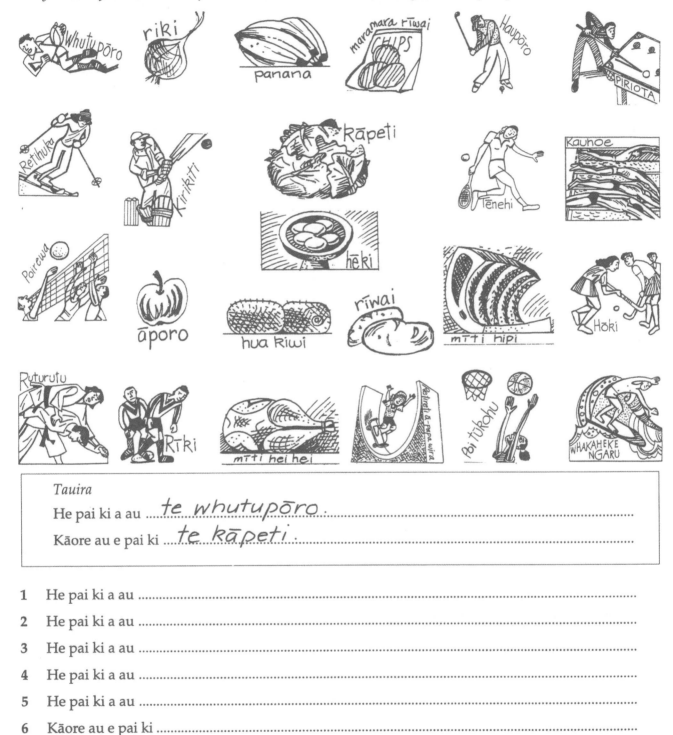

> *Tauira*
> He pai ki a au ..... *te whutupōro.* .....
> Kāore au e pai ki ..... *te kāpeti.* .....

1   He pai ki a au ....
2   He pai ki a au ....
3   He pai ki a au ....
4   He pai ki a au ....
5   He pai ki a au ....
6   Kāore au e pai ki ....
7   Kāore au e pai ki ....
8   Kāore au e pai ki ....
9   Kāore au e pai ki ....
10   Kāore au e pai ki ....

21.2 He whakaoti tēpu (*completing a table*). *Fill in the gaps in the following table with the appropriate tūingoa riro* (*possessive pronoun*). *You may wish to look again at* **Te Whakamārama 4.6 — 4.9** (*pages 120-22 of your textbook* **Te Pūkaki**).

	ā form	ō form	neutral form
my (*singular*)	tāku		
my (*plural*)		ōku	aku
your (*singular*)		tōu	
your (*plural*)	āu		ō
his, her (*singular*)	tāna		tana
his, her (*plural*)		ōna	

21.3 He whakaoti kōrero. *Complete the following sentences by choosing the correct* **ā** *form of the possessive pronoun according to the English in brackets on the right. The words in this exercise are all* **ā** *words. You may need to look again at* **Te Whakamārama 4.6 and 4.7** (*pages 120-21 of your textbook* **Te Pūkaki**) *before you do this exercise. Write the completed sentence in the space provided.*

> *Tauira*
> Anei _____ pukapuka! (*my - plural*)
> *Anei āku pukapuka!*

1   Arā _____ tamāhine! (*your - singular*)

....

2   Ko tēnā _____ kurī. (*my - singular*)

....

3   Kei te kōrero _____ tama ki _____ mokopuna. (*his - singular, my - plural*)

....

4   Kāore anō ia kia whāngai i _____ mōkai. (*her - plural*)

....

5   Kei raro _____ pene i _____ tēpu. (*my - singular, your - singular*)

....

6   Kōrero atu ki _____ tamariki! (*your - plural*)

....

21.4 He whakaoti kōrero. *Complete the following sentences by choosing the correct* **ō** *form of the possessive pronoun according to the English in brackets on the right. The words in this exercise are all* **ō** *words. You may need to look again at* **Te Whakamārama 4.8 and 4.9** (*page 122 of your textbook* **Te Pūkaki**). *Write the completed sentence in the space provided.*

> *Tauira*
> Anei _____ kākahu mā! (*my - plural*)
> *Anei ōku kākahu mā!*

1   Ko tēnei ____ whare. *(my - singular)*

   ....

2   Kei te mōhio au ki ____ mātua. *(your - plural)*

   ....

3   E hiahia ana ia ki te noho ki ____ kāinga. *(her - singular)*

   ....

4   Ka āwhina ____ tuākana i ____ teina. *(your - plural, my - singular)*

   ....

5   Ko Te Waiau ____ awa, engari ko Te Waitaki ____ awa. *(my - singular, your - singular)*

   ....

6   E ngenge ana ____ waewae, engari e kaha tonu ana ____ waewae. *(my - plural, her - plural)*

   ....

Whakatauanga Mahi 22

22.1 *He tā whakaahua.* Fill in the blank clockfaces above each expression of time to show you know what time it says.

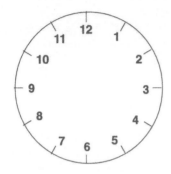

1 Rima meneti ki te waru karaka.

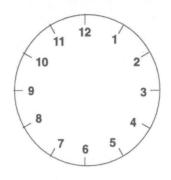

2 Rima meneti mai i te waru karaka te tāima.

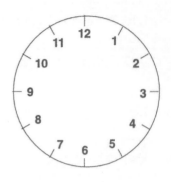

3 Hauwhā mai i te toru karaka te wā.

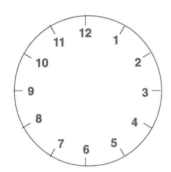

4 Haurua mai i te whitu karaka te tāima i nāianei.

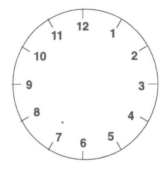

5 Hauwhā ki te tekau karaka te wā.

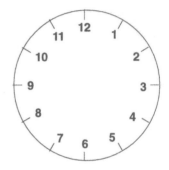

6 Rua tekau mā rima meneti ki te tekau mā rua karaka.

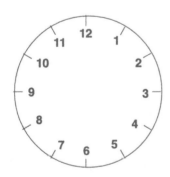

7 Rua tekau meneti mai i te iwa karaka te wā.

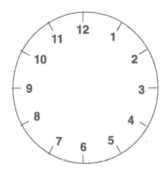

8 Tekau mā rima meneti mai i te tekau mā tahi karaka.

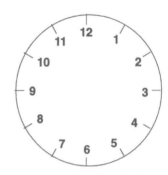

9 Toru tekau meneti mai i te tekau mā rua karaka te tāima.

22.2 He tuhi i te wā tika (*writing the correct time*). *Choose from the rārangi kōrero the right time for each clockface below and write it in the space provided.*

Rārangi kōrero

Hauwhā ki te rima karaka.
Rua tekau meneti ki te tekau karaka.
Rua karaka te tāima.
Rua tekau mā rima meneti mai i te toru karaka.
Tekau meneti ki te whitu karaka.
Haurua mai i te rua karaka.
Rima meneti ki te rua karaka te wā.

Hauwhā mai i te rua karaka te wā.
Rima meneti pāhi i te tekau mā rua karaka.
Rua tekau meneti mai i te iwa karaka.
Hauwhā ki te rua karaka.
Tekau mā rua karaka te wā.
Haurua mai i te whā karaka te wā.

2:00		6:50

1 ....

....

2 ....

....

4:45		9:20

3 ....

....

4 ....

....

2:30		4:30

5 ....

....

6 ....

....

3:25		2:15

7 ....

....

8 ....

....

12:05		9:40

9 ....

....

10 ....

....

Whakatauanga Mahi 23

23.1 He tuhi wātaka *(writing the timetable). It is now Wednesday and Rangi's proposed timetable for the next day, Thursday, is set out below. Use it as an example to complete Thursday's timetable for Jade. You need only change the part before **ka**, substituting the correct time according to the clock. In numbers 1 and 5 you will need to substitute the correct name for Rangi.*

Te wātaka o Rangi mō te Tāite *(Rangi's timetable for Thursday)*

1 Ā te haurua mai i te ono karaka, ka oho a Rangi.
2 Ā te waru karaka ka wehe tōna pahi.
3 Ā te iwa karaka ka tīmata te kura.
4 Ā te hauwhā mai i te toru karaka ka mutu te kura.
5 Ā te tekau meneti ki te whā karaka ka tae anō a Rangi ki tōna kāinga.

Te wātaka o Jade mō te Tāite

6:45	1	....
7:50	2	....
8:30	3	....
3:00	4	....
3:30	5	....

23.2 He tuhi wātaka. *It is now Friday and Rangi's timetable for the previous day, Thursday, is set out below. Use it as an example to complete yesterday's timetable for Rīpeka. You need only change the part before **kua**, substituting the correct time according to the clock. In numbers 1 and 5 you will need to substitute the correct name for Rangi.*

Te wātaka o Rangi mō te Tāite

1 I te haurua mai i te ono karaka, kua oho a Rangi.
2 I te waru karaka kua wehe tōna pahi.
3 I te iwa karaka kua tīmata te kura.
4 I te hauwhā mai i te toru karaka kua mutu te kura.
5 I te tekau meneti ki te whā karaka kua tae anō a Rangi ki tōna kāinga.

Te wātaka o Rīpeka mō te Tāite

7:20	1	....
8:20	2	....
9:00	3	....
3:20	4	....
4:00	5	....

23.3 *Whakawhānuitia ēnei kōrero anga. Expand the following skeleton sentences so they make sense and are grammatically correct. Study the models first. All sentences refer to things happening in the future, so they will all have* **ka** *before the kupumahi (or* **e** *if it is negative) and* **ā** *before any expression of time. You may need to look at* **Te Whakamārama 4.16** *(page 134 of your textbook* **Te Pūkaki***) and its following Hei Mahi before you do this exercise.*

> *Tauira*
> au/haere/te rā nei/āwhina/kē/au/tōku teina
> *Kāore au e haere ā te rā nei, ka āwhina kē au i tōku teina.*
> ia/noho/āpōpō/haere/kē/ia/ki te kāinga/tōna hoa
> *Kāore ia e noho āpōpō, ka haere kē ia ki te kāinga o tōna hoa.*

1   ōku hoa/mahi/tēnei ahiahi/whakatā/kē/rātou

....

....

2   mātou/haere/ki te mahi/te waru karaka/hararei/kē/mātou

....

....

3   ia/tae mai/te pō nei/noho/kē/ia/ki te kāinga

....

....

4   rātou/tākaro rīki/te Hātarei/tākaro/kē/rātou/te whutupōro

....

....

5   tōku hoa/mātakitaki/te pouaka whakaata/te pō nei/haere/kē /ia/te moe

....

....

23.4 He tuhitihu anō. *Look carefully at the model and rewrite the following sentences three times, the first time inserting the kupu tūkē (adverb)* **kē** *after the kupumahi, the second time inserting the kupu tūkē* **tonu** *after the kupumahi, and the last time inserting the kupu tūkē* **anō** *after the kupumahi.*

Kia mōhio ai koe: *kē is equivalent to "already";* **tonu** *is equivalent to "still";* **anō** *is equivalent to "again".*

Tauira

Kei te tahu te tamaiti i ngā tōtiti.

Kei te tahu kē te tamaiti i ngā tōtiti .

Kei te tahu tonu te tamaiti i ngā tōtiti .

Kei te tahu anō te tamaiti i ngā tōtiti .

---

1   Kei te tapatapahi rāua i ngā hua whenua.

....

....

....

2   E kōrero ana ia ki tana hoa.

....

....

....

3   Kei te hora a Mere i te whāriki tēpu.

....

....

....

4   E rapu ana a Hōne i tana hāte mā.

....

....

....

5   Kei te whāngai rāua i ā rāua mōkai.

....

....

....

Whakatauanga Mahi 24

He panga kupu

24.1 He kupu whakawhitiwhiti. *Complete the crossword by providing the Māori words for the English clues. The words are all drawn from Chapter Four. Different dialect forms for some Māori words are also included.*

Kia mōhio ai koe: "Whakapae" — clues across; "Whakaaro"— clues down.

Whakapae

1 to shine *(of the sun)*
3 a few
5 a group
6 a few
8 to ask a number of questions
9 again
10 o'clock
13 to help, aid, assist
14 to look for
15 to greet
16 coffee
18 all, every
19 many, a lot
20 committee
22 position
23 loaf

Whakararo

2 taxi
3 computer
4 grandchild
7 custom
9 to embrace, hug
10 a type of marrow
11 to say a prayer
12 to know
15 member
16 an elder
17 visitor
20 an old lady
21 many, a lot

24.2 He kimi kupu. *Find the Māori equivalent for each of the English words listed below the puzzle. All the Māori words have been used in Chapter Four. Circle each word as you find it. They go in any direction, even backwards.*

Kia mōhio ai koe: *The Māori words do not have macrons in the puzzle.*

```
K S B E I A W S Z D P Z E E A K R B M K A K L C M E
C U F T N O J A T J A P V H N Z F A P W U X U T A D
G C I I U N G V D U K W C Z O H R P D T Z R V N D
N H H A A U T N I J W U A Y U A F W A U A W Z Q A L
W W F R P T L I O Y A A R R J S R N P R M T N J A A
A T O O U F I U M H N K Q W A P V M H P U J N Q K L
Y A K M I A J A U O A A O U K K K A I J A Y O E I R
E O S H A I R V T W K G S I Q J U G T H K Q R G G B
M O W U K K L U H A J N P A H R O N M L I I K K E E
U A K Z U L O E A M P E J C U O W A E N A Z A X U H
K A X F M R C M H H L K T A C O M K M W Y E E J Q W
Z Z J N I E O R A J T U N M M H E I A L D T T K V O
K A R A K I A T L K N P I Y A U S T O Y W S E I E K
O H I E U U C U U G R O R O H I K O T G E I R I N X
P P H T M N O E A R P G I R N O J Q A T H V N A Q I
H T E K I H I Z Q R O A R O A X L C K O P Z I U A E
I R I H U N A M T P I T X Q I O R E R O K I A H W D
```

again	computer
to embrace, hug	few (2)
to help, assist	skills
to go up, get into	taxi
half	custom
quarter	position, job
to gather	time
a type of marrow (2)	soft drink
clock, hour	to make a formal speech
to say a prayer	to shine *(of the sun)*
all, every	
elder	
coffee (2)	
committee	
old lady *(term of respect)*	
many (3)	
to look after, be hospitable	
visitor, guest	
member	
to greet, know	
grandchild	
group	
to ask a number of questions	
to look for, seek	
loaf	

24.3 *He panga kupu. Solve the following acrostic puzzles. They use Māori words taken from Chapter Four. Firstly, in the spaces provided, write down the Māori words for the English clues. When you have finished that, look at the first letter of each of the Māori words. Reading down, another Māori word should be formed. Write that word beside "Kupu Māori". Beside "Tikanga", write its English equivalent.*

1   soft drink ....

2   to meet ....

3   to embrace ....

4   name ....

5   coffee ....

6   group ....

7   loaf ....

8   to go up ....

9   a few ....

10 wash basin ....

Kupu Māori ....

Tikanga ....

1   to want ....

2   student ....

3   custom ....

4   again ....

5   to drink ....

6   taxi ....

7   afternoon ....

8   container ....

Kupu Māori ....

Tikanga ....

Whakatauanga Mahi 25

Ngā kupu

25.1 *He mahi whakamāori. The English words listed below are translations of Māori words used in Te Wāhanga Tuarima (Chapter Five) "He Haere Whakangahau". Write the Māori words for them in the spaces beside.*

Kupu ingoa

event, happening, aspect ....

weather ....

crowd, group ....

farmer ....

ticket seller ....

swimming togs ....

cloud ....

bowl, bowls ....

ten-pin bowling ....

moon ....

aunt, uncle ....

farm ....

party (*social gathering*) ....

pin, peg ....

loan (*of money*) ....

birthday ....

leaf ....

sitting room, lounge ....

ticket ....

School Certificate ....

champion ....

female cousin (*of a male*) ....

grandfather, grandmother, ancestor ....

....

grandparents, ancestors ....

section, part ....

picture, image ....

thought, decision, plan ....

McDonald's Restaurant ....

....

Kupu āhua

farming, agricultural ....

happy, glad ....

cool ....

complete, full ....

lively ....

enjoyable, pleasant ....

attractive, handsome ....

close, near ....

Kupumahi

accompany ....

go on a trip ....

eat McDonalds ....

....

be wearing (*of clothes*) ....

bowl ....

laugh (*more than once*) ....

drop ....

move ....

fit into ....

be finished, completed ....

be settled, decided ....

get engaged ....

grow ....

enter, go into ....

telephone..

fall in love ....

agree...

amuse, entertain...

be born..

get, acquire ....

Kupu wā

last night..

after a while, in due course ....

weekend ....

week ....

midnight...

Ētahi atu kupu

girl, daughter! *(term of address)* ....

girls! *(term of address)* ....

dad! *(term of address)* ....

son, boy! *(term of address)* ....

boys, sons! *(term of address)*...............................

mum! *(term of address)* ....

neat! choice! ....

how many (do you want)? ....

together ....

there, that place ....

Agreed! I'm in favour! ....

25.2 He tā whakaahua. *Draw a picture in each of the four boxes to show you understand the meaning of the time phrase.*

te atatū

te awatea

te poupoutanga o te rā

te tonga o te rā

Whakatauanga Mahi 26

26.1 *He hanga kōrero.* Rangi's daily timetable is written out below. Using it as an example and using the clock faces to give you the times, complete the daily schedules for Jade and Rīpeka. You need only change the part before 'te tāima', substituting the correct time according to the clock. In numbers 1 and 5 you will need to substitute the correct name for Rangi.

Te wātaka o Rangi

1 Haurua mai i te ono karaka te tāima oho o Rangi.
2 Waru karaka te tāima haere o tōna pahi.
3 Iwa karaka te tāima tīmata o te kura.
4 Hauwhā mai i te toru karaka te tāima mutu o te kura.
5 Tekau meneti ki te whā karaka te tāima tae o Rangi ki tōna kāinga.

Te wātaka o Jade

6:45	1 ....

7:50	2 ....

8:30	3 ....

3:00	4 ....

3:30	5 ....

Te wātaka o Rīpeka

7:20	1 ....

8:20	2 ....

9:00	3 ....

3:20	4 ....

4:00	5 ....

26.2 *He kimi kupu ngaro* (finding the missing words). *Use the* rārangi kupu *to provide the missing words for the ten sentences below and write them in the spaces provided. The missing words will correspond to the English in brackets at the right. You may need to revise your* **a/o** *categories first by looking again at* **Te Whakamārama 1.1** *(page 10 of your textbook* **Te Pūkaki***).*

Rārangi kupu

tō tātou	ō tātou	tā tātou	ā tātou
tō mātou	ō mātou	tā mātou	ā mātou
tō koutou	ō koutou	tā koutou	ā koutou
tō rātou	ō rātou	tā rātou	ā rātou

---

1   Te pai hoki o _____ _____ kākahu mā! *(your —plural)*

2   Kua pau katoa _____ _____ moni. *(our: yours and mine — plural)*

3   Ko Rangitīkei _____ _____ awa. *(their — singular)*

4   Anā _____ _____ hoa! Kua tae mai ia. *(our: yours and mine — singular)*

5   Ko te poi tūkohu _____ _____ tino tākaro. *(their — singular)*

6   Kua tae mai _____ _____ hoa. *(our: theirs and mine — plural)*

7   E haere ana ia ki _____ _____ kāinga mā raro. *(your — singular)*

8   Ko Taranaki _____ _____ maunga. *(their — singular)*

9   Kua whakamaroke ngā tamariki tokorua i _____ _____ pereti. *(their — plural)*

10 Kua hari atu ia i ____ ____ tēpu. *(our: theirs and mine — singular)*

26.3 *He kimi kupu ngaro. Using the* rārangi kupu, *complete the following table of possessives. Write the words in the table. The first two lines have been done for you. You may find it helpful to cross the words out as you use them. The table continues at the top of page 80.*

Rārangi kupu

~~tāku;~~ ~~tōku;~~ ~~taku;~~ ana; tana; tā koutou; tā kōrua; tā maua; tā mātou; tā rātou; tā rāua; tā tātou; tā tāua; tāna; tāu; tō; tō koutou; tō kōrua; tō mātou; tō māua; tō rātou; tō rāua; tō tātou; tō tāua; tōna; tōu; ~~āku;~~ ~~ōku;~~ ~~aku;~~ ā koutou; ā kōrua; ā mātou; ā māua; ā rātou; ā rāua; ā tātou; ā tāua; āna; āu; ō; ō koutou; ō kōrua; ō mātou; ō māua; ō rātou; ō rāua; ō tātou; ō tāua; ōna; ōu

---

	A	O	Neutral	
au, ahau	*tāku*	*tōku*	*taku*	singular
	āku	*ōku*	*aku*	plural
koe				singular
				plural
ia				singular
				plural
tāua			*singular*	
			plural	

	A	O	
māua			*singular*
			plural
kōrua			*singular*
			plural
rāua			*singular*
			plural
tātou			*singular*
			plural
mātou			*singular*
			plural
koutou			*singular*
			plural
rātou			*singular*
			plural

Whakatauanga Mahi 27

27.1 He whakakī tēpu. *Using your knowledge of a/o categories, fill in the slots in the chart. Some have already been done for you. All the words you need can be found in the table on pages 79-80. Use only the singular forms for this exercise.*

	tuahine	ika	motokā	pene	kura
au, ahau	tōku				
koe			tōu	tāu	
ia		tāna			tōna
tāua	tō tāua				
māua			tō māua		
kōrua		tā kōrua			tō kōrua
rāua				tā rāua	
tātou			tō tātou		
mātou	tō mātou				
koutou				tā koutou	
rātou		tā rātou			tō rātou

27.2 He kimi kōrero tika. *Only one of the two sentences beside each question is a good answer to the question asked. Choose the one you think is the better answer, draw a line through the other, and write the sentence you have chosen in the space provided.*

> *Tauira*
> Kua oti tā koutou mahi?   Kua oti tā mātou mahi.
> ~~Kua oti tā koutou mahi.~~
>
> *Kua oti tā mātou mahi .*

1 Kua hoki atu ō tātou hoa?   Kua hoki atu ō tātou hoa.
                                    Kua hoki atu ō koutou hoa.

....

2 Ko wai ō rātou ingoa?   Ko Hōne rātou ko Pita ko Hēmi ō rātou ingoa.
                                    Ko Hōne rātou ko Pita ko Hēmi ō tātou ingoa.

....

3 Kei hea tā koutou ngeru?   Kei roto tā mātou ngeru.
                                    Kei roto tā koutou ngeru.

....

4 Kua kite koe i tō mātou tuahine? Kua kite au i tō mātou tuahine.
                                     Kua kite au i tō koutou tuahine.

....

5 Kua maoa ā rātou kai?   Āe, kua maoa ā rātou kai.
                                    Āe, kua maoa ā tātou kai.

....

27.3 He whakautu pātai. *Write an answer to the question at the side of each picture. Use the picture to help you with your answer. The question is asking you how many you want. Each answer should start with "hōmai kia …."*

Tauira

Kia hia ngā āporo?

Hōmai kia whā.

1   Kia hia ngā mōkai?

....

....

2   Kia hia ngā aihikirīmi?

....

....

3   Kia hia ngā taewa?

....

....

4   Kia hia ngā rohi?

....

....

5   Kia hia ngā parete?

....

Whakatauanga Mahi 28

28.1 *He hanga rerenga kōrero.* Write six different sentences describing the actions you can see in the picture by combining phrases from columns 1, 2 and 3. You may need to look again at **Te Whakamārama 5.10** (page 159 of your textbook **Te Pūkaki**) before you do this exercise.

Rārangi kōrero

1	2	3
Kei te tū	a Tama	i te tēpu.
Kei te noho	a Hēmi	ki raro i te rākau.
Kei te noho	a Josie	ki te tēpu.
Kei te piki	a Ema	i te taha o te rorerore.
Kei te takoto	a Wendy	ki runga i te toka.
Kei te takoto	a Hōne	i raro i te rākau.

1 ....

2 ....

3 ....

4 ....

5 ....

6 ....

28.2 He whakautu pātai. *Write a negative answer to each of the questions in the space provided. You may need to look again at* **Te Whakamārama 5.12** *(page 162 of your textbook* **Te Pūkaki**) *if you need help.*

> *Tauira*
> He kapua kei te rangi?
> *Kāore he kapua i te rangi.*

1   He tāngata kei roto i te whare?

2   He tamariki kei te kura?

3   He kākahu kei roto i te kāpata kākahu?

4   He wai kei roto i te kaumanga?

5   He miraka kei tēnei toa?

28.3 He whakautu pātai. *Write a positive answer to each of the questions in the space provided. You may need to look again at* **Te Whakamārama 5.12** *(page 162 of your textbook* **Te Pūkaki**) *if you need help.*

> *Tauira*
> Kāore he manu i te rangi?
> *He manu kei te rangi.*

1   Kāore he ika i roto i tēnei awa?

2   Kāore he pata i roto i te pouaka whakamātao?

3   Kāore he pereti mā i roto i te kāpata?

4   Kāore he hua whenua i roto i te toa?

5   Kāore he kamokamo i te māra?

28.4 He whakakāhore kōrero. *Study the two examples, then rewrite the following* **ka** *sentences in the negative form. You may need to look again at* **Te Whakamārama 5.17** *(page 169 of your textbook* **Te Pūkaki**) *if you need help.*

> *Tauira*
> Ka whakahoki ia i aku pene i te Hātarei.
> *Kāore ia i whakahoki i aku pene i te Hātarei.*
> Ka kōrero au ki a ia i napō.
> *Kāore au i kōrero ki a ia i napō.*

1   Ka noho ia ki Aihitereiria i te tau 1995.

....

2   Ka mātakitaki rātou i te whutupōro i nanahi.

....

3   Ka haere tahi rāua ki Ahuriri i te Mane.

....

4   Ka whaiāipō te tokorua i te marama o Paenga-whāwhā.

....

5   Ka taumau te tokorua i te marama o Pipiri.

....

6   Ka moe rāua i te marama o Whiringa-ā-rangi.

....

Whakatauanga Mahi 29

29.1 He kimi kōrero whakaūpoko. *Find suitable captions from the rārangi kōrero for each of the pictures below and write it in the space provided.*

Rārangi kōrero

Kei te kōrero mai ia.

Kei te kōrero atu ia.

Kei te waiata mai rāua.

Kei te waiata atu rāua.

E hari mai ana ia i te pouaka.

E hari atu ana ia i te pouaka.

Kua uru atu ia ki roto i te whare.

Kua puta mai ia ki waho i te whare.

Kua tū mai te kaikōrero.

Kua tū atu te kaikōrero.

1 ....

....

2 ....

....

3 ....

....

4 ....

....

5 ....

6 ....

....

7 ....

....

8 ....

....

9 ....

....

10 ....

29.2 *He hanga kōrero.* *Make ten sentences by combining items from columns 1, 2 and 3 and writing them in the spaces provided. Make sure that your sentence makes sense.*

1	2	3
Ka oho rātou i te ata,	ka kōrero rāua,	ā, ka kai.
Ka whaiāipō ia i tōna hoa wahine,	ka tautoko i ō rātou hoa,	ā, ka haere ki te wharenui.
Ka tae rātou ki te tāone,	ka kai parakuihi,	ā, ka moe.
Ka hongi rātou,	ka taumau,	ā, ka kai Makitānara.
Ka tūtaki ia i tōna hoa,	ka mātakitaki i ngā toa,	ā, ka haere ki tētahi wharekai.
Ka mutu te kura,	ka haere ki te wharekai, ka kai,	ā, ka mātakitaki i te pouaka whakaata.
Ka noho rātou ki te kāinga,	ka mātakitaki i te rīpene ataata,	ā, ka mahi i nga mahi.
Ka haere rātou ki te papa tākaro,	ka tunu i te mīti,	ā, ka haere ki te kura.
Ka hoki rātou ki te kāinga,	ka hoki rātou ki te kainga,	ā, ka haere ki te moe.

1 ....

....

2 ....

....

3 ....

....

4 ....

....

5 ....

....

6 ....

....

7 ....

....

8 ....

....

9 ....

....

10 ....

....

Whakatauanga Mahi 30

He panga kupu

30.1 He kupu whakawhitiwhiti. Complete the crossword by providing the Māori words for the English clues. The words are all drawn from Chapter Five. Different dialect forms for some Māori words are also included.

Kia mōhio ai koe: "Whakapae" — clues across; "Whakaaro"— clues down.

Whakapae

3	together	22	enjoyable
4	to meet	23	to telephone
6	farm	24	to bowl (a ball)
8	be settled, be decided	26	glad
9	to laugh (repeatedly)	27	to consent, agree
11	strong, energetic	28	weather
12	handsome, attractive	29	to become engaged
13	event, happening	30	crowd, group
17	to be wearing	31	to get, acquire
18	bowls		
19	leaf		
20	to take away, take out		
21	to move		

Whakararo

1	to be finished, completed	17	moon
2	after a while, in due course	18	to fall, drop
3	lively	22	party
5	champion	23	section, part
7	to go into, enter	24	pin
9	cloud	25	there, at that place
10	complete	26	cool (of weather)
11	happy, glad	29	to grow
14	subtribe		
15	agriculture		
16	day, daylight		

30.2 He kimi kupu. *Find the Māori equivalent for each of the English words listed below the puzzle. All the Māori words have been used in Chapter Five. Circle each word as you find it. They go in any direction, even backwards.*

Kia mōhio ai koe: *The Māori words do not have macrons in the puzzle.*

```
L Q U Y U A C V A I G T E W N I U P I T Q N H A R I
O Q R K B K H S H O Y A P I N E T F F Z V G B A C X
E Z U T H R C U W T K U J A Z T L A V T T A G A E A
P I R O R I U W W Q T M S L T Q Q K P F N H Y Y Y T
W H A I A I P O Q H D A A M M A A H U A T A N G A Y
B N L P V B Y W I R E U D R S B T E K Y A U S G P S
M W C Y W F M H Q P A N I F I M M U T F L C C W K S
U R O T U R W A G W Y I U O M E A G N A H A W A A T
W Z I T O I T N I R K R G A X C R X U K W Q H M C Q
T K E D H A O A V M A U G N E R E R A U H A A N E Y
K B D W N U G U F C M N X P A B K T Y F C R K A O Y
A O T A K P N B N U U U V B P U A Y I H A T A G N Q
M N A U H A A K A H W Q N D H K A J L M N K A A A Z
X Z A Z B K T C N M A I T A A E P H J N A I R E K M
X X R W D C A M A K E R E T D K K G V H V T O A K C
J A J P A M U A G U V P A O V V V E W I H F Z W T S
Z T L Z X I G N P A R E K A R E K A N P C Z L B V F
```

event, happening	pin
agriculture	to bowl *(a ball)*
dawn	leaf
day, daylight	there, that place
glad (2)	to take away, take out
cool	close to
weather	to be engaged
crowd, group	to grow
strong, energetic	to go into, to enter
cloud	to telephone
to laugh *(repeatedly)*	section, part
complete	to fall in love
bowls	to consent agree
to drop, fall	picture, image
moon	thought, decision, plan
be wearing	to be born
after a while, in due course	to get, acquire
to move	
enjoyable	
together	
to be finished, completed	
farm	
enjoyable	
party	

30.3 *He panga kupu.* *Solve the following acrostic puzzles. They use Māori words taken from Chapter Five. Firstly, in the spaces provided, write down the Māori words for the English clues. When you have finished that, look at the first letter of each of the Māori words. Reading down, another Māori word should be formed. Write that word beside "Kupu Māori". Beside "Tikanga", write its English equivalent.*

1 daylight ....

2 glad ....

3 to go into ....

4 thought ....

5 weather ....

6 but ....

7 after a while ....

8 bedspread ....

9 dawn ....

Kupu Māori ....

Tikanga ....

1 be wearing ....

2 morning...

3 cloud ....

4 to get into *(a vehicle)* ....

5 leaf ....

6 but ....

Kupu Māori ....

Tikanga ....